AF410970

LES ÉCOLES

TECHNIQUES ET PROFESSIONNELLES

DE LEUR INFLUENCE SUR LE DÉVELOPPEMENT
DE L'INSTRUCTION THÉORIQUE ET PRATIQUE DES APPRENTIS
ET L'AMÉLIORATION DE LEUR CONDITION
AVANTAGES DE L'ENSEIGNEMENT PROFESSIONNEL
DONNÉ SIMULTANÉMENT AVEC L'ENSEIGNEMENT PRIMAIRE

Par M. le Dr MARJOLIN

CHIRURGIEN HONORAIRE DES HOPITAUX
Vice-président de la Société

NOTICE LUE DANS LA SÉANCE DU 6 JUILLET 1876

« La curiosité des enfants est un penchant de la nature qui va
comme au-devant de l'instruction : ne manquez pas d'en profiter. » FÉNELON, *Traité sur l'Éducation des filles.*

« Le grand secret de l'éducation est de faire que les exercices
du corps et ceux de l'esprit servent toujours de délassement
les uns aux autres. » J. J. ROUSSEAU, *Émile.*

PARIS

IMPRIMERIE CENTRALE DES CHEMINS DE FER

A. CHAIX & Cie

RUE BERGÈRE, 20, PRÈS DU BOULEVARD MONTMARTRE

1876

LES ÉCOLES

TECHNIQUES ET PROFESSIONNELLES

*De leur influence sur le développement de l'instruction théorique
et pratique des apprentis et l'amélioration de leur condition.
Avantages de l'enseignement professionnel donné simultanément
avec l'enseignement primaire.*

Par M. le Dr MARJOLIN, vice-président de la Société.

> « La curiosité des enfants est un penchant de la nature
> qui va comme au-devant de l'instruction ; ne manquez pas
> d'en profiter. »   FÉNELON, *Traité de l'éducation des filles.*

> « Le grand secret de l'éducation est de faire que les exer-
> cices du corps et ceux de l'esprit servent toujours de
> délassement les uns aux autres. »   J.-J. ROUSSEAU, *Émile.*

Messieurs,

Les fondateurs de cette Société en se déclarant les protecteurs
des apprentis, n'eurent pas seulement l'intention de mettre fin
aux nombreux abus dont les enfants étaient trop souvent vic-
times dans les ateliers et les manufactures, mais envisageant le
mot de protection dans une acception plus élevée, ils pensèrent
que dans l'intérêt du pays, il fallait pour conserver notre rang
dans l'industrie chercher par quels moyens il était possible de
faire renaître et développer le goût des professions manuelles
aujourd'hui trop généralement délaissées; aussi pourriez-vous,
également et avec raison, prendre le titre de société pour l'a-
vancement et l'amélioration de l'apprentissage.

Ce n'est pas d'aujourd'hui que de tous côtés, dans les campagnes, comme dans les ateliers, on se plaint du manque de
bras et que nous entendons dire que si l'on n'y porte remède,

1

l'agriculture et l'industrie sont sérieusement menacées dans leur avenir; malheureusement en France, nous avons la fâcheuse habitude de ne croire à la possibilité d'un désastre, que lorsqu'il est arrivé; notre confiance en nos forces, en nos ressources, va jusqu'à l'aveuglement et c'est à peine si les leçons les plus cruelles nous engagent à réfléchir et à nous corriger de notre insouciance et de notre légèreté.

Fiers de succès dus plutôt à notre nature qu'à des études sérieuses, nous ne voyons pas que ces mêmes nations qui naguère encore venaient s'instruire et se perfectionner à notre école, font d'immenses et de rapides progrès, que chaque jour elles tendent de plus en plus à s'affranchir et que bientôt cessant d'être nos tributaires, elles deviendront nos rivales. Toutes les idées d'améliorations que nous avions conçues, elles s'en emparent, les réalisent; qu'importent les sacrifices, rien ne les arrête, car il s'agit du pays.

Aujourd'hui, grâce aux découvertes modernes, dès que la tempête est à craindre ou que l'inondation menace, en quelques minutes le télégraphe a signalé le péril et avertis à temps, matelots ou riverains, tous sont à même de pourvoir à leur sûreté; mais si le danger qui menace notre industrie, n'a pas heureusement ce caractère d'impétuosité, il n'en est pas moins redoutable. Ce danger, ce mal dont la fâcheuse influence ne se fait déjà que trop sentir, c'est l'abandon des campagnes, c'est la désertion de l'atelier, c'est le dégoût pour toute profession manuelle, pour ces rudes travaux qui ennoblissant l'homme le plus humble, en font souvent une des gloires les plus grandes d'une nation; disons plus, c'est le mépris pour tout ce qui demande de la peine; et ne croyez pas que ce soit seulement dans les métiers proprement dits, que l'on observe une pénurie croissante d'aspirants, chose déplorable! on constate le même fait dans les carrières libérales ou scientifiques; c'est un mal général, un mal contagieux qui se répand partout.

A quelle cause faut-il l'attribuer? peut-on encore y porter remède? C'est ce que nous allons examiner.

Messieurs, cette cause qu'il est difficile de préciser, tant elle est complexe, a une action tellement puissante que nous avons tous grande peine à nous soustraire à sa pernicieuse influence et que je ne saurai autrement la désigner que sous le nom de maladie de l'époque. Quant à son origine, elle a pris naissance dans l'ambition inconsidérée des familles, dans une mauvaise éducation et dans une instruction superficielle, incomplète, uniquement bonne à exalter l'amour-propre et augmenter les prétentions de pseudo-savants qui ne seront jamais autre chose que des déclassés, mécontents de leur existence, et sans cesse occupés à troubler celle des autres.

Dans cette circonstance, ce ne sont pas les enfants qui sont les plus coupables, mais bien ces familles qui, rougissant de donner à leurs enfants la profession du père, n'ont qu'une idée, d'en faire des employés de bureau ou d'administration ; et ce qui les séduit, c'est souvent moins l'appât d'une gratification immédiate, que la pensée de faire de leur fils un monsieur (1).

Quelques personnes sont peut-être trop portées à croire que les instituteurs sont les premiers à engager les parents à faire entrer leurs enfants dans les administrations et à détourner leurs élèves des professions manuelles ; jusqu'à plus ample informé, permettez-moi d'en douter, car autant que j'en puis juger par les conversations que j'ai eues avec plusieurs d'entre eux, j'ai lieu de croire que très-rarement ils sont consultés par les familles sur ce que les enfants feront à leur sortie de l'école ; ils pensent d'ailleurs que c'est une question trop délicate pour s'y immiscer. Mais ce qu'ils constatent, c'est que lorsqu'ils sont retirés très-jeunes, c'est pour être placés en apprentissage, tandis que ceux qui terminent leurs classes pour avoir un bon certificat d'études, entrent de préférence dans les bureaux ou les administrations, surtout lorsque leurs parents y sont déjà employés ; quant au choix des professions manuelles, l'industrie du quartier a certainement une notable influence.

Messieurs, en disant avec M. G. Salicis, qu'il faut instruire les enfants du peuple, mais qu'il ne faut pas les exposer à perdre le goût du travail professionnel (Bibliothèque Franklin, *Enseignement primaire et apprentissage*, p. 78.), Il n'entre cer-

---

(1) A cette occasion, je ne saurais trop engager les personnes qui s'intéressent aux apprentis à lire l'excellent travail communiqué par M. Legentil, à la Société d'économie sociale, dans la séance du 4 janvier 1874, sur la condition des apprentis à Paris et les principales œuvres qui tendent à l'améliorer.

tainement dans la pensée d'aucun d'entre nous de blâmer les familles d'avoir de l'ambition pour leurs enfants, et personne aujourd'hui ne songerait à dire au fils de l'ouvrier ou du petit commerçant : Tu n'iras pas plus loin, tu ne seras jamais qu'un compagnon d'établi ou d'étau ou un petit boutiquier ; grâce à Dieu, nous n'en sommes plus là, nous avons heureusement fait un grand progrès et aujourd'hui, comme l'a dit M. Devinck (*Paris depuis un demi-siècle*), les jeunes gens ont devant eux une voie plus large que ceux d'autrefois, les portes de l'avancement sont ouvertes à un bien plus grand nombre ; mais cette route qui conduit à la position de chef d'établissement sera toujours, comme auparavant, hérissée d'écueils et de difficultés. Malheureusement ce que les parents se refusent à comprendre, c'est que l'on n'arrive qu'à force de travail, de peine et d'énergie, et que sans une bonne éducation et une solide instruction il n'y a rien de bon à espérer pour leurs enfants.

Non, ce n'est pas contre une noble ambition que nous nous élevons, mais ce que nous déplorons et ce que nous voudrions pouvoir modifier, ce sont les idées fausses que quelques parents se font sur l'avenir de leurs enfants et le mal qu'ils leur causent en ne leur laissant pas le temps de compléter leur instruction primaire ou professionnelle et en leur faisant embrasser un état pour lequel ils n'avaient aucune aptitude. Quelques mois de plus passés à l'école ou à l'atelier et leur fils serait devenu, non-seulement un ouvrier d'élite, mais bientôt un contre-maître ; qui sait même, si plus tard il ne serait pas arrivé à être le chef de l'usine dans laquelle il était entré comme apprenti, et voici que dans leur impatience ils détruisent tout son avenir en lui faisant quitter trop jeune la classe ou l'atelier, malgré les observations de l'instituteur et du patron, et pourquoi ? Afin de jouir d'un salaire précoce.

Si l'on pouvait faire connaître à ces familles, la biographie des grands industriels de tous les pays, elles y verraient que l'enfance de ces hommes de génie, n'a été le plus souvent qu'une lutte continuelle contre la mauvaise fortune et que, partis de la condition la plus humble, ils ne sont arrivés aux honneurs, à la richesse, à la considération, qu'à force de persévérance et d'énergie ; pourquoi donc lorsque la vraie route est si bien tracée, l'abandonner et choisir la mauvaise ?

Mais me direz-vous, il n'est pas donné à tout le monde d'être un de ces géants, d'avoir une de ces organisations privilégiées et de pouvoir aspirer à monter aussi haut; c'est vrai, mais Dieu en naissant a toujours déposé en nous le germe de quelque précieuse qualité, et, lorsque sous l'influence d'une éducation, d'une instruction bien dirigées, nous voyons poindre et grandir ce germe, n'est-il pas de notre devoir, à nous qui nous intéressons à toute cette jeunesse, de donner un bon conseil aux parents et de dire aux familles, trop pressées d'exploiter leurs enfants : Attendez, ne détruisez pas en un instant tout ce qui a coûté tant de peine, laissez votre fils terminer ses classes, son apprentissage, attendez, n'écoutez pas d'absurdes conseils, et gardez-vous d'escompter son avenir.

Certes, ce sont là d'excellents préceptes, mais comment une famille d'indigents pourra-t-elle les suivre, pourra-t-elle attendre des mois, des années, jusqu'à ce que l'instruction et l'apprentissage soit entièrement terminés; pendant tout ce temps ne faudra-t-il pas nourrir les enfants, les vêtir et parfois encore soutenir de vieux parents; or cette situation n'est-elle pas dans les grandes villes celle de nombreux ménages d'ouvriers (1).

---

(1) Avant d'entreprendre ce travail, j'ai pensé qu'il était nécessaire de m'informer auprès de personnes honorables et dignes de confiance, nonseulement de la durée moyenne de l'apprentissage, mais aussi des usages adoptés dans certains corps d'état; ces détails ayant leur importance dans la question qui nous occupe. Ainsi, il y en a dans lesquels l'apprenti est logé et nourri, d'autres où il n'est ni logé ni nourri, d'autres où il reçoit au bout de quelque temps, non pas une paye, mais une petite gratification, d'autres enfin, ou pour mieux dire, pendant longtemps l'enfant ne reçoit presque rien; tout cela du reste varie beaucoup suivant le caractère des patrons.

Il résulte du reste des renseignements que j'ai recueillis, que dans ce moment, il s'opère peu à peu chez l'apprenti un mouvement en faveur de l'épargne. Cette habitude qu'il est bon d'encourager et que notre honorable collègue, M. de Malarce, cherche à propager jusque dans les écoles rurales, a l'avantage de donner de bonne heure à l'enfant l'habitude de l'économie et de mettre à l'abri de parents peu scrupuleux, le petit pécule, fruit de son travail et de sa bonne conduite, pécule qui à l'occasion lui sera d'une grande utilité. C'est ainsi que deux fois on nous a signalé des enfants ayant, avec leurs épargnes, dégagé du mont-de-piété, les outils de leurs parents. Ce sont là des actes de générosité qui honorent l'enfance et qui mériteraient, comme à l'armée, d'être mis à l'ordre du jour dans les écoles pour démontrer que l'économie n'est pas de l'avarice et qu'au besoin l'épargne sert à faire une bonne action.

Messieurs, si la misère est trop souvent un obstacle à l'éducation et à l'instruction, il existe heureusement pour combattre ce mal un remède qui n'a jamais fait défaut en France, c'est la charité, la générosité, ces qualités naturelles à notre pays, qualités que les plus grands malheurs n'ont jamais pu affaiblir. Depuis le commencement de ce siècle et surtout dans ces dernières années, de toutes parts des voix se sont élevées en faveur de l'enfance et de tous côtés par la seule initiative privée de nombreuses et puissantes associations se sont formées pour la suivre et la protéger depuis le berceau jusqu'à l'adolescence, et c'est ici le moment de vous entretenir de la part considérable qu'elles ont prises au développement de l'instruction et à l'amélioration du sort des apprentis.

Il serait trop long de vous énumérer toutes ces œuvres si intéressantes, quelques-unes d'ailleurs vous sont connues soit par votre propre participation, soit par les excellents rapports insérés dans les bulletins, soit par le remarquable travail de M. Legentil sur la condition des apprentis à Paris, d'autres enfin dont l'existence pouvait être ignorée, ont tout récemment été mises en pleine lumière à la suite d'une mesure aussi inexplicable qu'imprévue (1).

Je me bornerai donc à vous dire seulement quelques mots de celle de ces institutions qui, bien que moins riche que beaucoup de ses devancières, est cependant arrivée, après avoir exercé une très-grande influence sur le développement de l'instruction parmi les familles pauvres, à fonder à Paris, dans un des arrondissements les plus malheureux, le Ve, la première école communale dans laquelle l'enseignement professionnel est mené de front avec l'enseignement primaire.

(1) Nous ne saurions trop engager les personnes qui ont souvent besoin d'avoir des renseignements précis sur les Crèches, les Asiles, les Écoles communales, les Orphelinats, les Ouvroirs, les Patronages, les Maisons de préservation, les Refuges, les Colonies agricoles, etc., à consulter les ouvrages suivants :

Manuel des Institutions charitables, 1867, 1870. Paris. Poussielgue.
La Charité protestante en France, par H. de Triqueti. Paris, Meyrueis, 1863.
Paris protestant, par M. le Pasteur Decoppet. Paris. Bonhoure, 1876.
Manuel d'Assistance pour le Département de la Seine, par M. Lecour. Paris, Asselin, 1876.

Si je n'avais craint d'abuser de votre attention, je vous aurais rapidement fait l'historique de la première Caisse des Écoles fondée en 1849 dans l'ancien IIIe arrondissement (Mairie de la Bourse), mais je laisse ce soin à l'un de ses créateurs, mon ami M. le Dr Boinet, qui a réuni sur ce sujet des documents trop intéressants pour ne pas être publiés; pour le moment, je me contenterai de vous dire, que les personnes honorables qui eurent les premières l'idée de soustraire à l'ignorance et au vagabondage nombre d'enfants pauvres, se gardèrent bien de se présenter dans les familles comme des membres du bureau de charité, c'eût été maladroit et s'exposer à un mauvais accueil, en blessant l'amour-propre de plus d'un ouvrier.

Mais, ne croyez pas qu'il soit si facile de mener à bonne fin de semblables projets, de convaincre des incrédules, d'entraîner des indifférents et de réunir assez d'adhérents pour constituer une œuvre importante, durable, assez forte pour traverser les épreuves les plus terribles; tout cela exige une volonté, une persévérance dont bien peu de personnes se sentent capables. Heureusement, il s'en est encore trouvé un bon nombre d'assez dévouées, pour ne se laisser décourager par aucune difficulté, et elles ont eu la satisfaction, non-seulement de réussir, mais de voir leur exemple imité.

Les résultats de cette idée furent en effet tellement remarquables, que peu à peu elle se généralisa, et aujourd'hui je crois bien que presque tous les arrondissements ont une Caisse des Écoles. Toutes, il est vrai, ne sont pas également riches, mais toutes rivalisent de zèle pour faire le plus de bien possible; chacune a son administration et dispose à son gré de ses fonds d'après ses idées, ses besoins. Ce sont autant d'associations séparées dont il faut respecter l'indépendance si l'on veut qu'elles prospèrent, et le plus grand préjudice que l'on pourrait leur porter et le plus grand dommage que l'on pourrait faire aux pauvres, serait de vouloir les réunir pour n'en faire qu'une seule et même œuvre; ce jour-là ce serait décréter leur ruine et leur fin prochaine.

Aujourd'hui les Caisses des Écoles ne doivent plus être considérées seulement comme des œuvres d'une charité éclairée, mais bien comme l'institution la plus apte à développer, encourager l'instruction et perfectionner son programme en lui donnant un caractère plus pratique. Comme preuve, je n'en citerai qu'un exemple parce qu'il démontrera, en même temps, quels liens et quelle solidarité existent entre toutes les œuvres de charité et l'immense parti que l'on peut en tirer.

Pour les amener à envoyer leurs enfants à l'école, avant de leur faire sentir tous les avantages de l'instruction, elles commencèrent par soulager discrètement leur misère, puis elles leur promirent, lorsque l'enfant sortirait de l'école, de le placer dans une bonne maison d'apprentissage et de le surveiller. Les vêtements, les chaussures, manquaient-ils, elles en donnèrent, dès lors toute excuse devint impossible. Comment en effet résister à des offres faites de si bon cœur, c'était bien difficile, et comme il fallait encore soutenir le zèle des familles par des encouragements dont elles pouvaient comprendre la valeur, les écoliers les plus assidus reçurent en prix des livrets de la caisse d'épargne. A dater de cette époque, ils désertèrent la rue pour l'école, et ce progrès que ni l'État ni l'Assistance publique n'avaient pu obtenir, l'initiative privée le réalisa (1).

Vous savez tous, Messieurs, que dans chaque école de filles, il y a une classe de couture; mais, qu'est-ce que savoir coudre sans savoir tailler ; l'ouvrière la plus adroite, sans ce complément

---

(1) Les Caisses des Écoles ne sont pas les seules associations contribuant ainsi à répandre l'instruction parmi les enfants de la classe ouvrière, quelques sociétés de secours mutuels s'en occupent et s'intéressent aussi au sort des jeunes apprentis. Ainsi dans le IXe arrondissement la Société de secours mutuels patronne et récompense les enfants et apprentis des deux sexes qui se distinguent par leur bonne conduite et leur application au travail ; ces enfants doivent être désignés par les familles. Les orphelins ont une part plus grande encore à la sollicitude du Conseil de l'Œuvre.

Dans le XVIIe arrondissement, non-seulement la Société veille à ce que les enfants des sociétaires fréquentent l'école, mais à leur sortie elle s'en occupe encore. Une commission de patronage est chargée de visiter, au moins une fois par mois, les écoliers et les apprentis désignés par les familles, dans une demande écrite. Un rapport est fait par cette commission tous les trois mois et c'est d'après ces renseignements, que chaque année, à la séance générale, ceux des enfants qui se sont signalés par leur bonne conduite sont récompensés, soit par des livrets de caisse d'épargne, des livres ou des objets utiles à leur profession. Enfin, l'orphelin adopté trouve dans le bureau de la Société un conseil de famille officieux, et l'assistance de la Société s'exerce pendant tout le temps de l'école et de l'apprentissage. Nous avons cru devoir citer ces faits dans le but d'amener les autres Sociétés de secours à suivre une pratique dont les patrons, les familles et les enfants n'ont qu'à se louer.

d'instruction, ne retirera jamais qu'un mince profit de son travail, et, pour faire une robe à son enfant, elle sera obligée de recourir à sa voisine, habile coupeuse, qui gagne de très-bonnes journées. Il y avait donc là évidemment une instruction insuffisante, incomplète. Frappé de cette lacune et voulant y remédier, M. Émile Ferry, maire du IX⁰ arrondissement, a organisé, le jeudi, avec les ressources de la Caisse des Écoles, un cours théorique et pratique de mesure et de coupe sous la direction d'une habile maîtresse, madame Grand-Homme.

Voici maintenant ce qui se passe à ces leçons, auxquelles sont admises, indistinctement, les meilleures élèves de chaque école de l'arrondissement. Le bureau de charité achète les étoffes, puis envoie quelques femmes ou enfants malheureux ayant besoin de vêtements; alors chaque élève, à tour de rôle, après avoir pris la mesure d'après la méthode enseignée, l'indique au tableau et dessine ensuite le patron sur du papier; cela fait, on taille l'étoffe, on assemble, on bâtit les pièces et la robe terminée, il résulte de la leçon, que l'élève en apprenant à travailler, a appris en même temps comment le savoir peut servir à faire le bien.

Ce complément d'instruction qui, au premier abord, semble peu de chose, est cependant un grand progrès dans l'instruction professionnelle, car il a l'immense avantage non-seulement d'abréger de moitié l'apprentissage de la couturière, mais de permettre plus tard à toute femme de se suffire à elle-même et à ses enfants, sans recourir à autrui, ce qui entraîne toujours de la dépense. En dehors de la diminution du temps d'apprentissage, ce qui au point de vue moral est très-important, les avantages de cette innovation sont tels, que déjà cinq ou six arrondissements se sont empressés de suivre l'exemple du IX⁰ (1); exemple qu'il serait bien à souhaiter de voir se répandre dans toutes les écoles professionnelles, ouvroirs, orphelinats, et dans toutes les maisons d'éducation, sans en excepter aucune (2).

---

(1) Voy. sur l'*Ouvroir* (annexe de la Caisse des Écoles du V⁰ arrondissement) le *Bulletin* de la Société, 1873, p. 475-478, et 1874, p. 388.

(2) Ces leçons qu'il serait bon de faire connaître dans les écoles communales, les ouvroirs, etc., sont réunies dans un petit volume; elles sont accompagnées de figures. Paris, Alp. Picard, rue Bonaparte, 82.

Comme dernier complément des études, les jeunes filles les plus méritantes du IXe arrondissement qui se destinent au commerce sont admises à suivre les cours de l'École commerciale de l'avenue Trudaine.

En demandant que ce complément d'instruction soit adopté dans toutes les maisons où l'on élève des jeunes filles, c'est propager à l'infini une excellente idée, car vous ne vous doutez probablement pas en dehors des pensions proprement dites et des écoles de la ville de Paris, du nombre considérable de jeunes filles pauvres ou orphelines recueillies dans les diverses institutions de charité appartenant à tous les cultes; cela dépasse plusieurs mille.

Or, comme généralement dans tous les ouvroirs on ne s'occupe guères que de confectionner de la lingerie, il s'en suit, comme nous vous l'avons fait déjà remarquer, que la journée d'une lingère, quelque habile qu'elle soit, ne rapporte actuellement que fort peu, surtout depuis l'invention des machines à coudre; aussi la plupart du temps est-elle obligée de faire faire dehors et ses robes et celles de ses enfants, ce qui est un surcroît de dépenses, la façon étant toujours plus chère que l'étoffe.

Je viens de vous dire que le chiffre des jeunes filles pauvres travaillant à Paris dans les diverses maisons de charité dépassait plusieurs mille; cela ne vous étonnera pas lorsque vous saurez que rien que dans les 27 écoles professionnelles catholiques, laïques ou congréganistes, le total des jeunes filles apprenant un état atteint le chiffre de 1,568, dont 481 travaillent dans la lingerie.

Si à ce nombre j'avais encore ajouté celui des jeunes filles élevées dans les écoles consistoriales protestantes ou israélites, il est fort probable que je serais arrivé à un chiffre très-élevé.

En insistant sur la nécessité de vulgariser cette partie de l'instruction professionnelle, ce n'est pas que nous désirions faire de toutes les femmes, des couturières, mais ce que nous voulons, c'est que la femme de l'ouvrier puisse se suffire à elle-même, et que de plus, toute femme du monde soit en état, lorsqu'il s'agit de venir en aide à une malheureuse mère, de pouvoir lui faire de suite une layette lorsqu'elle n'a rien pour envelopper son enfant (1).

J'aurais désiré, dans ce travail, ne m'occuper exclusivement que de l'influence des écoles professionnelles sur l'avenir et l'amélioration du sort des apprentis et voici qu'involontairement, je suis forcé par la nature même de mon sujet, je dirai même par la pensée qui a présidé à la naissance de cette société, entièrement dévouée à l'éducation et à l'instruction de l'enfant du peuple, de faire une courte digression à propos des orphelinats, des ouvoirs et du travail dans les prisons.

Il s'est trouvé et il se trouve encore actuellement de prétendus amis de l'ouvrier qui ont dit ou écrit, que c'était le ruiner, lui enlever son pain, que de permettre le travail dans ces maisons, et que la quantité d'objets ainsi confectionnés venant encombrer la place, la lutte était impossible; on a été plus loin, on a été jusqu'à vouloir interdire à la femme du modeste commerçant le droit de vendre le col qu'elle a brodé dans ses moments perdus.

Il serait facile de répondre à ces dangereux réformateurs, en leur opposant les chiffres exacts des produits de ces établissements et leur démontrer qu'ils sont tellement minimes, que c'est une goutte d'eau dans un lac, mais ce serait inutile, car il n'est pires sourds que ceux qui ne veulent pas entendre; mais s'ils veulent chasser la misère du foyer de l'ouvrier, qu'ils commencent donc par lui interdire le cabaret, les plaisirs faciles; qu'ils ne lui troublent plus la raison par leurs folles utopies, et qu'ils cessent de lui souffler l'esprit de révolte, alors seulement ils seront dans le vrai; mais en proscrivant le travail, là où il est le plus nécessaire, ils commettent la plus grande de toutes les erreurs.

Lorsque le pauvre étendu sur son lit de mort, entend une voix amie lui murmurer à l'oreille ces paroles consolantes : Tes enfants ne seront pas abandonnés, nous veillerons sur eux, nous les adoptons, — il s'endort tranquillement dans l'éternité et son dernier regard se tourne avec reconnaissance vers la sœur

---

(1) Nous indiquerons à la fin de ce travail dans un tableau général la liste des diverses Écoles professionnelles des jeunes filles, à Paris.

assise à son chevet. Oui, il peut mourir en repos, sa fille sera élevée honnêtement et son fils ne sera pas un vagabond, mais un bon ouvrier. Voilà l'orphelinat(1). Et lorsque vous, Messieurs, vous avez voulu empêcher l'enfant de la rue de devenir l'enfant de la prison, qu'avez-vous fait? Vous avez fondé pour ces malheureux déshérités du monde les maisons de préservation, et au lieu de les condamner à l'oisiveté, vous leur avez présenté le travail comme le seul moyen d'échapper au vice, à la misère, à la dégradation. Ce n'est pas tout, vous avez été plus loin encore; lorsque ces enfants ont été conduits en prison pour des fautes dont ils n'avaient souvent pas conscience, vous les avez visités et cette fois encore comme moyen de moralisation, de réhabilitation et d'existence pour l'avenir, vous avez encouragé la formation d'ateliers d'apprentissage, voilà quelles ont été vos œuvres et c'est, je crois, la meilleure réponse à opposer à ces prétendus amis de l'ouvrier.

Je me suis un peu écarté de mon sujet et je me hâte d'y revenir. Les campagnes se dépeuplent, l'atelier devient de plus en plus désert; comment remédier à ce mal, comment ramener la jeunesse au goût des professions manuelles? peut-on mener de front l'instruction primaire avec l'instruction professionnelle? C'est par l'examen de ces diverses questions que je terminerai mon travail.

Messieurs, si les enfants n'étaient pas le plus habituellement détournés par leurs familles, je puis vous affirmer d'après tout ce qui m'a été dit et ce que j'ai été à même de constater, que rien ne serait plus aisé que de les ramener au goût des professions manuelles; je dis plus, on peut très-facilement, même avec

(1) Lorsque l'on songe à ce que deviendraient sans le secours des orphelinats près de 4,000 enfants des deux sexes, élevés à Paris dans 68 maisons, n'importe leur culte, ou leur famille, on peut dire avec l'auteur d'un très-bon article inséré dans le n° du *Temps* du 8 juin 1876 : « Nous ne connaissons pas assez nos trésors, et tout ce que la France, Paris en particulier, recèle de forces morales, de nobles ambitions, qui cherchent à se réaliser, de travail désintéressé et persévérant au service du pays. »
Voici leur division d'après M. J. Lecour, qui donne dans son ouvrage de très-grands détails sur ces institutions. Sur ces 68 orphelinats, 6 sont pour les enfants des deux sexes, 8 pour des garçons, 54 pour des filles. De ces établissements 55 sont tenus par des congréganistes, 6 par des laïques, 6 sont spécialement destinés à des protestants, 1 à des israélites. (Manuel d'assistance pour le département de la Seine, *Lecour*, page 100 et suiv.)

les enfants des villes, faire d'excellents agriculteurs et de très-bons jardiniers. Pour moi, aujourd'hui cela ne fait aucun doute, et il ne me sera pas difficile de vous le démontrer plus tard en traitant des écoles professionnelles rurales et des colonies agricoles. Mais comment faire naître chez l'enfant le goût d'un métier quelconque? Ce ne seront ni les entretiens d'un instituteur qui, la plupart du temps, n'en a pas la première notion; ni même les lectures les plus intéressantes, tous ces moyens échoueront; cependant, il en existe un fort simple, à la portée de tous, et Fénelon, le maître par excellence en éducation, nous l'indique en quelques mots. « La curiosité des enfants est un penchant de la nature qui va comme au-devant de l'instruction : ne manquez pas d'en profiter. » Mais comme l'esprit de l'enfant est mobile, qu'il se fixe difficilement sur un point, qu'il aime le changement et qu'il est d'ailleurs indispensable de ménager ses forces, il faut d'après cela se faire un plan, et si nous cherchons un peu, nous le trouverons dans J.-J. Rousseau. « Le grand secret de l'éducation, dit-il, est de faire que les exercices du corps et ceux de l'esprit servent toujours de délassement les uns aux autres. »

Eh bien, Messieurs, cette difficulté si grande, qu'elle semblait insurmontable, de développer chez l'enfant le goût des professions manuelles et de l'initier sans contrainte ni fatigue aux premiers travaux de l'apprentissage, elle a été résolue avec un plein succès, dans les deux écoles professionnelles de la Villette et de la rue de Tournefort. J'ajouterai que l'instruction telle qu'elle est donnée dans cette dernière école, démontre d'une manière irrécusable, que l'enseignement primaire et l'apprentissage peuvent parfaitement marcher de front et que, loin de se nuire, ils ont l'avantage, étant réunis, de développer, d'activer en même temps l'intelligence et les forces physiques. Sous ce double rapport, cette innovation m'a paru tellement importante que j'ai cru devoir la signaler d'une façon toute particulière à votre attention, attendu que c'est peut-être aujourd'hui l'unique moyen de réveiller le goût des professions manuelles et de donner en même temps à l'apprenti une instruction qui lui soit profitable.

Il y a bien des années que M. Corbon, dans un traité des plus intéressants sur l'enseignement professionnel (vol. III de la *Bibliothèque utile*. Paris, Pagnerre), avait émis cette idée,

« qu'il fallait élargir l'enseignement dans le sens professionnel,
» de telle manière que les enfants s'y puissent former tout à la fois
» l'esprit et la main. » Malheureusement cet avis très-sensé ne
fut pas entendu ; le Hàvre, Rouen et je crois Lyon furent les seules
villes à comprendre l'avantage pour l'industrie, de la formation
d'écoles d'apprentis et très-probablement, sans notre honorable
collègue M. Gréard, sans l'initiative ardente de M. Salicis, qui
sut convaincre et entraîner plusieurs des notables habitants du
Ve arrondissement, l'industrie parisienne eût été privée d'une
institution appelée à un grand avenir, pour peu qu'elle soit aidée
dans son développement et sagement conduite.

Remercions donc M. Gréard d'avoir rompu avec la vieille
routine et d'avoir enfin doté les enfants de la classe ouvrière d'é-
coles professionnelles, où ils trouveront avec l'enseignement de
la morale et une instruction scolaire appropriée à leurs travaux,
une instruction professionnelle aussi pratique et aussi complète
qu'on puisse le désirer ; remercions-le encore au nom des familles,
car elles peuvent désormais avoir la certitude, que les années
d'apprentissage ne seront plus des années d'oisiveté ou de souf-
france, et aujourd'hui il ne dépend plus que d'elles, de les placer
auprès de maîtres habiles et dévoués qui en feront des ouvriers
honnêtes, laborieux, destinés par la suite à être l'honneur et le
soutien du pays (1).

En m'entendant parler ainsi, vous me direz peut-être, que
je cède trop vite à un engouement exagéré, mais lorsque vous
aurez visité ces deux écoles dont je vous dois une description
sommaire, vous serez peut-être encore plus émerveillés que
moi de l'ordre, de la discipline, de l'activité qui règnent dans ces

---

(1) Les personnes qui désirent voir de salutaires réformes s'introduire
dans l'instruction primaire et dans l'apprentissage, doivent lire les deux ouvrages de M. Gréard renfermant des documents du plus haut intérêt sur ce
qui existe actuellement dans le département de la Seine et sur les moyens
d'accomplir des améliorations bien nécessaires :

*L'Instruction primaire à Paris et dans le département de la Seine (1871-
1872).* Notes, mémoires et rapports par M. Gréard. Paris, Ch. Mourgues, rue
J.-J. Rousseau, 58. 1872. 1 volume.

*L'Enseignement primaire à Paris et dans les communes du département
de la Seine en 1875.* Mémoire adressé à M. le Préfet de la Seine par l'Inspecteur général de l'instruction publique, Directeur de l'Enseignement primaire de la Seine. Paris, Ch. Mourgues, 1875. 1 volume.

maisons, ainsi que de la bonne physionomie et de l'air de contentement de tous ces jeunes travailleurs, et lorsque vous aurez examiné les divers objets exposés sur cette table, bien que les plus intéressants aient été envoyés à Bruxelles, vous verrez que pour des apprentis, ces essais sont presque des ouvrages de maîtres.

Je devrais, si je suivais l'ordre d'ancienneté, décrire en premier l'école de la Villette; mais afin de mieux vous faire comprendre la possibilité de l'enseignement primaire, mené de front avec l'enseignement professionnel, je vous parlerai de suite de l'école de la rue de Tournefort.

En pareille circonstance, comme il est très-intéressant de connaître de quelle manière cette innovation, dans l'enseignement, s'est introduite dans une des écoles municipales de Paris, et que, de plus, il est de la plus haute importance pour bien se pénétrer de l'esprit de cette nouvelle méthode de n'omettre aucun détail, je ne crois pas pouvoir mieux faire que d'insérer en entier la note que M. Laubier, directeur de cette école, a bien voulu m'adresser.

« L'atelier d'apprentissage de la rue Tournefort date du 18 novembre 1873; mais ce n'est qu'à partir d'avril 1874 qu'a commencé son fonctionnement. La menuiserie, le tour, la forge, le modelage et la sculpture y sont enseignés. Vous m'avez paru désirer connaître les noms des promoteurs de cette innovation. Je vais y répondre en deux mots : Une délégation du conseil municipal s'est rendue avec monsieur le Préfet à l'école de la rue Tournefort ouverte le 17 avril 1871 pour juger du parti qu'on pouvait tirer de son emplacement. M. Léveillé, l'un des membres de cette Commission, aperçut un établi de menuisier, un tour et quelques outils dans une des pièces de cette école et apprit que ces objets m'appartenaient. Je ne sais pas quelles ont pu être les paroles qu'il a échangées à ce sujet avec monsieur le Préfet de la Seine, avec M. Vacherot, député, et avec M. Delacour, maire du Ve arrondissement; mais ce qui est resté dans ma mémoire c'est que le jour même, je fus invité officieusement à faire un rapport sur la possibilité d'introduire l'enseignement professionnel dans les écoles primaires. Je le fis immédiatement et le transmis à la délégation cantonale de mon arrondissement. A quelque temps de là, M. Salicis, délégué chargé de la surveillance de l'école de la rue Tournefort, me demanda au nom de ses collègues si je voulais bien introduire cet enseignement dans mon école, en m'assurant que des fonds votés par le conseil municipal allaient être mis à ma disposition pour l'achat d'un matériel suffisant pour une classe de 45 apprentis. Voilà l'origine de nos ateliers. 4,000 francs environ ont suffi pour leur ameublement ; et, étant défalquée de l'allocation anuelle qui est de 8,000 francs une somme de 12 à 1,500 francs pour achat de matières premières, le reste suffit pour la rémunération des 8 professeurs chargés de cet enseignement supplémentaire. Tant que le nombre d'apprentis, qui est en ce moment de 45, ne sera pas dépassé les 8,000 francs suffiront ; mais il y a possibilité d'augmenter ce nombre, car les ateliers ne sont occupés que 4 heures par jour.

» L'enseignement primaire est donné aux apprentis conformément au programme adopté pour les écoles de la ville de Paris ; cependant, à cause de l'enseignement professsionnel qu'ils sont appelés à suivre, les heures d'exercice ne concordent pas avec celles de l'emploi du temps annexé à ce programme. Vous pourrez vous en convaincre, monsieur le Docteur, en jetant les yeux sur l'emploi du temps dûment approuvé que j'ai l'honneur de vous transmettre.

» Nous avons fait figurer dans cet emploi du temps les connaissances facultatives qui nous ont paru nécessaires pour les diverses branches d'industrie que nous nous sommes imposé la mission d'enseigner, savoir : étude et maniement des matières premières ; dessins d'après le relief, modelage, moulage, sculpture sur pierre tendre, sur marbre et sur bois ; dessin graphique et lavis ; pratique des procédés et outils généraux, travail à l'établi, à la forge, à l'étau, au tour à l'archet et à pédale ; tenue des livres ; stéréométrie, mesurage et levé des plans de terrain ; levé à la règle et au compas d'une pièce exécutée ou d'une machine simple ; tracé d'une épure à une échelle donnée ; croquis à main levée avec report des cotes ; réciproquement, exécution d'après une épure faite à une échelle connue ou d'après un croquis coté ; invention, tracé, exécution de projets simples ; enseignement technique spécial pour chacune des facultés ci-dessus énoncées. Inutile d'ajouter que les apprentis sont habitués à entretenir et ranger tous les objets matériels mis à leur disposition.

» Les apprentis quels qu'ils soient passent chaque jour, suivant un ordre de roulement affiché dans l'école, dans les divers ateliers qui y sont annexés. La spécialisation n'est consentie que lorsque leur goût est bien déterminé et qu'ils paraissent avoir une aptitude suffisante pour la profession qu'ils ont choisie, ce qui a lieu le plus ordinairement au bout de 18 mois à 2 ans d'essai. Jusqu'à présent, il ne leur a été distribué aucun salaire; mais à plusieurs reprises, j'ai témoigné le désir, pour les attacher plus longtemps à l'atelier d'apprentissage, qu'ils fussent rétribués proportionnellement à leurs notes de conduite et de travail, en employant à cet effet le produit de la vente des objets qu'ils ont confectionnés, défalcation faite de la valeur des matières premières employées dans la fabrication de ces objets.

» C'est environ à 11 1/2 ans ou 12 ans que les enfants, dont les parents ont donné l'assentiment, entrent à l'atelier; ils y passent 3 heures par jour aux travaux manuels; le restant de la journée est consacré aux classes, en suivant le programme adopté dans toutes les écoles. »

On verra dans les deux tableaux annexés l'emploi du temps pendant la première année, et les deux années suivantes.

CLASSES D'APPRENTIS

EMPLOI DU TEMPS (1re année).

HEURES	LUNDI	MARDI	MERCREDI	JEUDI	VENDREDI	SAMEDI
7 à 8	Dessin linéaire.	Comme lundi.	Comme lundi.	Néant.	Comme lundi.	Comme lundi.
8 à 9	Instruction religieuse.	Histoire de France.	Géographie et Cosmographie.	De 8 à 11 h. Comme lundi.	Langue française.	Mathématiques.
9 à 11	Dessin, modelage, moulage, sculpture. De 9 à 10 h. Instruction primaire pour les arriérés.	Comme lundi.	Comme lundi.		Comme lundi.	Comme lundi.
11	Sortie pour besoins et repos d'un instant.	Sortie.	Sortie.	Sortie.	Sortie.	Sortie.
11 à 12	Instruction primaire.	Comme lundi.	Comme lundi.	Comptabilité.	Comme lundi.	Comme lundi.
12 à 1	Déjeuner, récréation.	Déjeuner.	Déjeuner.	Déjeuner.	Déjeuner.	Déjeuner.
1 à 1 1/2	Leçon technique, croquis d'après le tableau noir.	Comme lundi.	Comme lundi.	Comme lundi.	Comme lundi.	Comme lundi.
1 1/2 à 3	Menuiserie, tour, forge; à tour de rôle.	Comme lundi.	Comme lundi.	De 2 à 4 h. Dessin, Modelage, Moulage, Sculpture.	Comme lundi.	Comme lundi.
3	Sortie pour besoins et repos d'un instant.	Sortie.	Sortie.		Sortie.	Sortie.
3 à 4	Musique.	Dessin d'ornement.	Lecture manuscrite.		Histoire et Géographie.	Exercices de mémoire.
4	Goûter.	Goûter.	Goûter.	Liberté ou Promenade d'instruction.	Goûter.	Goûter.
4 1/4 à 5	Gymnastique.	Histoire de l'industrie et minéralogie.	Botanique.		Zoologie.	Physique et chimie.
5 à 6	Calcul, Géométrie, Dessin au tableau.	Comme lundi.	Comme lundi.		Comme lundi.	Comme lundi.

EMPLOI DU TEMPS INDIQUANT LA ROTATION

M. Modeleurs ; *B*. Apprentis pour le bois ; *F*. Apprentis

MODELAGE		
JOURS	9 h. à 11 h. du matin.	de 1 h. à 3 h. 1/2.
Lundi	Tous les élèves de 1re année. *M* de 2e et de 3e année.	*M* de 2e et de 3e année.
Mardi	Id.	Id.
Mercredi	Id.	*B* et *F* de 2e et de 3e année.
Joudi.	Id.	*M* de 2e et de 3e année.
Vendredi	Id.	Id.
Samedi	Id.	*B* et *F* de 2e et de 3e année.

GÉNÉRALE POUR LES TRAVAUX MANUELS

pour le fer ; les Tourneurs sont compris sous la lettre *B*.

MENUISERIE, TOUR, ÉTAUX ET FORGE	
9 h. à 11 h. du matin.	1 h. à 3 h. 1/2.
B et *F* de 2e et de 3e année.	Tous les élèves de 1re année. *B* et *F* de 2e et de 3e année.
Id.	Id.
M de 2e et de 3e année.	Id.
B et *F* de 2e et de 3e année.	Id.
Id.	Id.
M de 2e et de 3e année.	Id.

Maintenant que nous avons suivi l'enfant mois par mois dans chacun de ces ateliers et que nous avons vu comment on arrivait à découvrir sa véritable aptitude, il reste encore à connaitre quelques autres détails, afin d'être complétement au courant de tout ce qui se passe dans cette école.

La récompense étant à tous les âges de la vie un moyen puissant d'émulation, je me suis informé si, en raison de la diversité de l'enseignement, il y avait à la distribution des prix un certain nombre de livrets de Caisse d'épargne, destinés en quelque sorte à faire comprendre de bonne heure au jeune apprenti que son travail a déjà une certaine valeur ; peut-être aussi ce mode d'encouragement aurait-il l'avantage d'engager les familles à laisser leurs enfants terminer leur apprentissage. Jusqu'à ce jour, à la distribution des prix, il est simplement délivré, comme pour les prix de géographie ou d'orthographe, etc., des livres à ceux qui se sont distingués dans le tour, le modelage ou la serrurerie.

Seulement, l'année dernière, la Mairie a bien voulu accorder, comme prix exceptionnel, un livret de 20 francs, et un généreux bienfaiteur a donné 125 francs pour être distribués aux apprentis les plus méritants.

Dans cette école, chaque enfant n'a pas, comme à l'école de la Villette, un livret sur lequel sont marquées les notes de la quinzaine ; seulement ceux qui se sont distingués par leur application et leur bonne conduite ont leurs noms inscrits sur le tableau d'honneur.

Quant aux punitions, il faut le dire à la louange et des élèves et des maîtres, elles sont fort rares et elles consistent dans la privation du travail à l'atelier et la rentrée dans la classe commune, mesure qui parait leur être sensible.

Ce n'est pas seulement dans cette école que l'on a constaté le bon effet de ce genre de punition, voici ce que dit à ce sujet le lieutenant-colonel du génie Laussedat (dans son Étude sur le développement de l'horlogerie, citation de M. Salicis, page 101) :

« L'apprentissage, à Besançon, dure trois ans, et le goût qui s'y
» développe pour l'atelier est tel, que l'une des punitions les
» plus grandes que l'on puisse infliger à ces futurs artistes,
» c'est de les priver de quelques heures de leur travail manuel. »

On comprendra d'autant mieux l'influence d'une punition semblable sur ces enfants, que non-seulement leur amour-propre est profondément blessé, en se voyant de nouveau confondu avec des camarades qu'ils étaient probablement disposés à considérer comme leurs inférieurs, et que pour eux le travail de l'atelier est bien autrement attrayant que celui de la classe. D'après cette simple observation, on pressent déjà l'avantage de mener simultanément l'instruction primaire avec l'instruction professionnelle, le travail de l'atelier étant considéré par l'enfant comme un véritable honneur.

Il suffit, du reste, en visitant les ateliers, d'examiner les physionomies de ces futurs ouvriers et de suite on voit que le corps n'est pas seul en action, mais que, de leur côté, l'intelligence et l'attention, tenues constamment en éveil, travaillent peut-être encore plus que pendant la classe pour arriver à bien faire, et j'ai la conviction que le même élève est bien autrement fier d'avoir réussi à exécuter d'une façon irréprochable un assemblage ou une charnière, que d'avoir terminé la dictée la plus difficile sans avoir fait la moindre faute; et je ne serais pas surpris que les premiers à l'atelier fussent encore les premiers en classe (1).

Maintenant en dehors de l'activité de tout ce petit monde, il est un fait que je tiens à vous signaler, comme un bon exemple à suivre, c'est l'ordre et la propreté auxquels ces enfants sont habitués. A la fin de leur travail, il faut que non-seulement tous les outils soient remis à leur place, mais que l'atelier soit entièrement nettoyé. Cette habitude de l'ordre et de la propreté donnée de bonne heure aux apprentis est une excellente chose, car elle leur évitera par la suite bien des pertes de temps, j'ajouterai même plus d'un accident.

Enfin, comme il est indispensable, pour que l'ouvrier puisse fixer le prix de son travail, qu'il se rende compte de la valeur et de la quantité des matériaux fournis et du temps employé, les moniteurs de chaque atelier remplissent régulièrement tous les jours une feuille d'attachement, renfermant toutes ces indications.

(1) J'ai été, du reste, confirmé dans cette opinion par la note suivante de M. Laubier. « Généralement, les enfants qui se distinguent le plus dans les ateliers sont également ceux qui se distinguent le plus dans leurs classes. Les exceptions se rapportent aux élèves qui font un métier nécessitant plus d'adresse que d'intelligence. Le travail à la lime ou à la varlope est quelquefois mieux fait par des élèves arriérés sous le rapport des études scolaires, mais il n'en est pas de même lorsqu'il s'agit de monter ou d'assembler des pièces; je remarque, dans ce cas, que les élèves les plus instruits sont ceux qui réussissent le mieux et en moins de temps. »

De cette façon, au bout d'un certain temps, il est très-facile de juger les progrès de chaque élève.

Élevés de cette manière, tous ces enfants ne tardent pas à faire en très-peu de temps des progrès bien autrement rapides que dans un atelier où ils auraient été la plupart du temps abandonnés à eux-mêmes et employés à toute autre chose qu'à apprendre leur métier; aussi, les parents, qui bientôt s'en aperçoivent, ne manquent pas, dès qu'ils les jugent en état de gagner quelque chose, de les retirer de l'école pour les placer. C'est là un fait des plus fâcheux, attendu qu'un ouvrier qui n'a pas terminé son apprentissage se ressentira toujours de cette instruction incomplète.

Comment faire pour prévenir ces sorties prématurées, lutter contre les besoins pressants de familles pauvres, et les faire patienter pendant trois longues années, laps de temps le plus court d'apprentissage dans la plupart des métiers? Il n'y a véritablement qu'un moyen, c'est de venir en aide aux familles les plus malheureuses, en leur tenant compte dans une certaine limite, du travail exécuté par l'apprenti. C'est à la vérité une nouvelle charge imposée soit à la ville, soit aux caisses des écoles, mais c'est le seul moyen d'obtenir des parents qu'ils laissent leurs enfants terminer leur apprentissage, et comme pour atteindre ce but si important pour l'industrie, il suffirait peut-être d'une modique rétribution; c'est là, il me semble, une question qui mérite d'être sérieusement étudiée.

Je ne puis, dans ce moment, vous donner aucun document officiel sur le mouvement annuel des entrées et des sorties des élèves de l'école de la rue de Tournefort. Mais ce que je puis vous dire, c'est que les apprentis qui ont terminé leur temps sont très-recherchés par les patrons, qui les emploient de suite au travail et les mettent ainsi à même, dès leur début, de gagner d'assez bonnes journées.

J'arrive maintenant à vous parler de l'École municipale d'apprentis de la Villette (1). Bien que le mode d'enseignement adopté présente une certaine analogie avec celui de l'école primaire de la rue de Tournefort, il y a cependant des différences qu'il est bon de vous signaler; ainsi les enfants sont plus âgés: il faut avoir 13 ans

---

(1) Cette école située boulevard de la Villette, n° 60, a été ouverte au mois de janvier 1873.

révolus, et de plus avoir son certificat d'études, ou être en état de subir devant les professeurs de l'école un examen équivalent (1).

Ce ne sont donc plus, comme vous le voyez, des enfants, mais déjà de jeunes adolescents, ayant une bonne instruction primaire et se destinant à embrasser un métier où l'on travaille le fer ou le bois ; et comme en pareil cas, rien ne peut vous donner une meilleure idée de la pensée qui préside à l'instruction technique des élèves que les documents que M. Müller a bien voulu me communiquer avec la plus grande obligeance, je ne changerai rien à sa note.

« Dans la première année de leur séjour à l'école, les élèves
» sont astreints à passer successivement par tous les travaux
» des ateliers du fer et du bois. Cette rotation a pour objet de
» les amener à connaître les outils employés dans les divers
» travaux des deux ateliers, d'exercer leur adresse manuelle et
» de les aider, plus tard, dans le choix du métier qu'ils désireront
» embrasser ; car, au début, il en est peu qui aient une vocation
» déterminée. — Si l'on interroge un novice sur l'état qu'il veut
» prendre, il est rare qu'il ne réponde : « Mécanicien ».
» Ces idées se transforment au cours de la 1ʳᵉ année.
» Dans l'atelier du fer, l'apprenti menuisier, aussi bien que
» le futur mécanicien, sont mis en face d'un morceau de fer
» sur lequel ils s'escriment de leur mieux avec la lime et le
» burin, sous l'œil et avec les conseils de l'ouvrier-maître. Vient
» ensuite le morceau de fer à quatre pans, brut de forge, qu'il
» s'agit de dresser, c'est-à-dire de convertir en un prisme
» régulier, droit, à base carrée. Ce résultat obtenu et rigoureu-
» sement vérifié, on fait faire à l'apprenti, sur le solide lui-
» même, le tracé qui le doit transformer, le bédane et la lime
» aidant, en un prisme octogonal régulier, puis en un cylindre.
» Ce dernier peut être transformé lui-même en un prisme
» hexagonal, triangulaire, etc. L'apprenti qui a fait subir, sans
» trop d'accidents, toutes ces transformations au même morceau
» de fer, peut être considéré comme déjà quelque peu maître
» de la lime. C'est un commencement d'ajustage
» Lorsque ces exercices deviennent longs et menacent d'ame-
» ner chez l'élève l'ennui ou le dégoût, on varie le travail en
» faisant faire à l'apprenti quelques travaux dont il puisse voir

(1) Voir, pour de plus amples renseignements, les documents annexés.

» l'utilité immédiate; il revient ensuite avec plus d'ardeur au
» fer d'ajustage.

» Les élèves passent de cet exercice à celui des tours à
» métaux, à la forge, à la machine à percer ou au vilebrequin,
» et ils arrivent ainsi au moment de monter à l'atelier du bois.

» Les exercices, dans ce dernier, sont organisés dans le
» même esprit qu'à l'atelier du fer. On enseigne aux élèves à
» manier le rabot et la varlope, les scies de différentes sortes
» et les divers outils du métier. L'apprenti dresse d'abord une
» planche d'une faible étendue, puis une plus grande; il s'exerce
» à mettre deux faces d'équerre.

» Vient, en même temps, l'affûtage des outils, qui est un
» point important de l'apprentissage chez l'ouvrier en bois.

» L'élève essaie ensuite de faire des tenons et des mortaises,
» quelques petits assemblages, puis il passe au tour à bois, à la
» scie à découper, etc.

» Il est évident que cet ordre de travail n'a rien d'absolu et
» que les uns commencent par l'atelier du bois et les autres
» par l'atelier du fer.

» Ce qu'il importe, c'est que les élèves de 1re année aient
» terminé la rotation complète des ateliers avant d'entrer en
» 2me année.

» Au sortir de la 1re année, les élèves sont classés, c'est-à-dire
» qu'ils prennent parti pour le fer ou pour le bois, et indiquent
» la spécialité dans laquelle ils désirent se fixer. Ils seront
» menuisiers, tourneurs en bois, modeleurs, sculpteurs sur bois,
» — forgerons, serruriers, ajusteurs, mécaniciens, tourneurs sur
» métaux.

» Les travaux des ateliers deviennent spéciaux pour les élèves
» classés; ils sont, autant que possible, d'une utilité pratique évi-
» dente aux yeux de l'élève; en un mot, ce sont les travaux qu'ils
» trouveront dans les ateliers ordinaires, au sortir de l'école. »

La fondation de ces deux nouvelles écoles et la méthode
adoptée dans l'enseignement m'ont paru avoir une telle
importance, non-seulement, au point de vue industriel, mais au
point de vue de l'amélioration de l'instruction scolaire proprement dite, que j'ai cru devoir poursuivre mon enquête auprès
de **M. Müller** et lui adresser, comme à **M. Laubier**, une série de
questions, afin de pouvoir faciliter plus tard la discussion de
ce travail.

Paris, le 17 juillet 1876.

RÉPONSE AU QUESTIONNAIRE DE M. LE Dʳ MARJOLIN.

1° Quel est le mode de récompense ? — Immunités. Elles servent à racheter un pensum, une retenue.

Citation avec éloges devant les camarades réunis.

Envoi du travail (travail exceptionnel) à M. l'Inspecteur général. C'est l'élève lui-même qui le porte et reçoit généralement une récompense — un volume. De plus, il y a par quinzaine une paie sur les fonds du budget de l'École.

2° Le mode de punition ? — Réprimande du directeur. — Retenue le soir après la sortie. — Pensum (rare). — Diminution ou suppression de la paie.

3° Y a-t-il, à la fin de l'année, des examens et une distribution de prix ? — Des examens, oui, pour le certificat de sortie ou le passage d'une année dans l'autre ; pas de distribution de prix.

4° Est-il délivré un diplôme ? — Il est délivré aux élèves qui ont terminé leur apprentissage un certificat du directeur, détaché d'un livre à souche qui conserve trace de l'examen de sortie et qui sert à prendre des notes plus tard sur l'élève sorti de l'École.

5° Comment est composé le conseil d'administration ? — Le directeur de l'École est sous la surveillance de l'administration scolaire du département. Les vérificateurs des finances examinent les comptes de gestion ; l'École ressortit aux services des Écoles supérieures de la **Ville de Paris**.

6° Existe-t-il un tableau de l'emploi du temps, comme à l'école de la rue Tournefort ? — J'ignore la forme de l'emploi du temps de cette école.

7° Combien d'enfants sortent par an, ayant terminé l'apprentissage ? — La première promotion sortie comprenait 22 élèves ; la seconde, qui va sortir, en comptera 30.

8° Combien sont retirés avant terme par les parents ? — Il en sort tous les ans quelques-uns de chacune des trois divisions : jusqu'à présent, on peut dire que, sur 60 inscrits, 30 arrivent à la fin de leur apprentissage.

(Voir le rapport de M. Gréard au préfet de la Seine sur les Écoles d'apprentissage.)

9° Comment sont-ils casés? — Le directeur s'y intéresse autant qu'il le peut, et fait des démarches auprès des industriels qui peuvent les prendre. Il a été assez heureux pour caser toute la première promotion dans de bons ateliers. Sa qualité d'ancien professeur et directeur de l'école industrielle de Metz fait qu'il est peu d'administrations ou de grands ateliers parisiens où il n'ait *un ou plusieurs de ses anciens élèves* — Chemin de fer de l'Est; Cail, Farcot et Cie. Ces relations lui sont fort utiles.

10° Quelle est la moyenne du gain?

Minimum — en commençant . . . . 2 fr. 50
Maximum. . . . . 5 fr. 50

11° Qui tient la comptabilité? — Elle est tenue par le directeur, qui enregistre, comme un industriel quelconque, l'entrée et la sortie des matières premières. Il tient ses livres en partie double (1).

12° Comment s'écoulent les produits?

1. Le magasin scolaire;

2. L'École elle-même, qui se meuble peu à peu et fait son outillage;

3. Les particuliers, qui font travailler à façon;

4. La vente des objets en magasin (c'est assez peu de chose). Cette vente pourrait être assez productive si on avait une montre sur la rue et un préposé, — le concierge, — à cette vente.

13° Comment se fait l'attachement? — Il se fait chaque jour par un élève de semaine. Il y a aussi un semainier pour chacun des magasins d'outils généraux, — fer et bois.

Et maintenant, Messieurs, si, pour vous reposer de cette longue communication, vous voulez bien examiner attentivement ces divers objets exposés devant vous (2), ces étaux, ces vis, ces outils de toute sorte, ces charmants petits modèles en bois destinés à servir à l'exécution d'engrenages ou de machines

---

(1) Il en est de même pour l'école de la rue de Tournefort.

(2) M. Gréard avait eu l'obligeance d'autoriser M. Müller et M. Laubier à présenter à la séance tous les objets qui n'avaient pu être envoyés à Bruxelles. Grâce à cette exposition improvisée, il était cependant facile de se rendre compte des résultats de cette nouvelle méthode d'apprentissage dans le travail du fer et du bois.

très-compliquées, vous ne pouvez pas vous défendre d'une véritable admiration en voyant leur fini, leur délicatesse, leur précision, si vous songez que tout cela est l'œuvre d'apprentis très-jeunes. Je veux bien que, dans l'exécution de toutes ces pièces, ils aient été guidés par d'habiles contre-maîtres, soit : mais enfin, ces enfants n'ont-ils pas droit à vos éloges, surtout lorsque vous saurez que la partie la plus intéressante de leurs dessins, de leurs épures et de tous les objets fabriqués figure actuellement à l'Exposition de Bruxelles? D'après cela, n'avais-je donc pas raison de vous dire que, pour des essais, c'étaient des coups de maîtres, et que, dans l'intérêt du pays, nous devions nous attacher au développement d'une idée qui promet, en relevant l'apprentissage, de fournir à l'industrie les plus habiles ouvriers?

D'après ce qui vient d'être exposé, vous avez dû voir que, dans ces deux écoles professionnelles, l'enseignement a un caractère tout particulier et qu'il constitue véritablement une méthode entièrement nouvelle dont le premier avantage est de permettre aux maîtres et aux parents de mieux se rendre compte des diverses aptitudes de chaque enfant. Qu'il veuille, en effet, être serrurier ou sculpteur sur bois, n'importe, il faut que successivement il passe de l'atelier du mouleur dans celui du menuisier, du serrurier et du sculpteur, et qu'il soit aussi habitué à tourner le fer que le bois, et ce ne sera qu'après avoir consacré une année entière à se familiariser avec tous les outils employés dans ces divers corps d'état, qu'il sera appelé à choisir définitivement sa profession. Ce n'est donc plus sur un caprice qu'il se prononce, mais après s'être bien rendu compte des difficultés de chacun de ces métiers.

L'autre avantage de cette méthode, et il est inappréciable, c'est que, dans la suite, pour peu que l'apprenti ait profité des leçons qu'il a reçues, il est au besoin parfaitement en état de se suffire à lui-même, de faire et de réparer son outillage et, sans être un homme universel, il possède cependant assez de connaissances diverses pour n'être pas obligé de recourir au savoir des autres, aussi sera-t-il un ouvrier très-recherché.

Ces deux points établis, il reste maintenant à comparer ce nouveau mode d'apprentissage avec l'ancien, à examiner s'il est préférable et s'il peut être admis dans les grands ateliers privés, usines, chemins de fer et les orphelinats de garçons où l'on enseigne un certain nombre de métiers, et enfin si les apprentis ainsi élevés sont réellement plus habiles que leurs camarades qui n'ont fréquenté qu'un seul atelier. Il va sans dire que nous supposons que les parents nous abandonnant la pleine et entière direction de leurs enfants ne viendront mettre aucun obstacle au plan d'étude adopté.

Malgré mes sympathies avouées pour la nouvelle méthode d'apprentissage, sympathies que je crois très-fondées et très-soutenables, je ne puis réellement avoir la prétention de trancher une question aussi spéciale. C'est donc à vous, Messieurs, à l'examiner avec toute l'attention qu'elle exige, mais je crois que, pour la juger avec impartialité, il serait indispensable d'établir un concours sérieux. A l'œuvre on connaît l'artisan, a dit La Fontaine. Donc que la lice soit largement ouverte aux apprentis de tous les ateliers, les conditions étant fixées par le jury ; on verra ensuite les résultats de cette épreuve, si décisive pour l'avenir de notre industrie.

De cette manière, il n'y aurait donc plus seulement chaque année un concours entre toutes les écoles primaires pour connaître le degré d'instruction des élèves, mais il y aurait aussi la lutte, non moins intéressante, des apprentis. Si cette idée était adoptée, très-probablement nous verrions alors tous les chefs d'ateliers s'occuper avec plus de soin et d'attention de leurs apprentis et les initier plus volontiers à toutes les difficultés du métier, et ce dévouement que la loi n'aurait jamais pu obtenir, l'espoir de glorieuses distinctions le fera naître et — généraliser.

Quant à ce qui est de la vulgarisation de cette méthode, je crois qu'en dehors des écoles communales des grandes villes, elle ne peut être appliquée que dans des usines de construction de machines et dans les ateliers de chemins de fer où l'on a besoin d'ouvriers de tout genre, habitués à dessiner et à exécuter des modèles, à fabriquer l'outillage et familiarisés avec les travaux les plus divers. Dans les orphelinats où la production immédiate est indispensable pour subvenir à l'entretien des enfants, on ne peut pas songer à l'introduire, mais on pourrait peut-être en faire l'essai comparatif à l'internat professionnel dirigé par les frères de la Doctrine Chrétienne.

Dans cet établissement, que j'ai visité de nouveau tout récemment, les métiers enseignés sont assez variés pour permettre, sans changer les règlements, de faire passer successivement un certain nombre d'élèves par la filière que nous avons indiquée (1). Cela est d'autant plus facile, que chaque atelier est parfaitement distinct, et comme il y a, je crois, des enfants placés par des protecteurs, on n'aurait pas à craindre de voir les parents venir à la traverse et empêcher l'épreuve. De cette manière on pourrait s'assurer au bout de très-peu de temps si ces enfants dirigés d'après cette nouvelle méthode acquièrent dans leur état plus d'intelligence, plus d'habileté de main, dans le même laps de temps que ceux de leurs camarades qui, depuis leur entrée à l'école, sont restés attachés au même atelier, en passant par tous les degrés de l'apprentissage, comme cela se fait à la rue de Vaugirard.

(1) Je crois devoir à cette occasion donner la liste des différents corps d'état enseignés dans cet établissement. Il y a en outre, à Igny, près Palaiseau, une école de jardinage très-importante.

Section des Ateliers.

Il y a, dans l'établissement, des ateliers internes dirigés par d'habiles et honorables patrons ou contre-maîtres, et surveillés par les Frères. Les parents qui désirent y placer leurs enfants leur font adopter l'état qu'ils préfèrent, après avoir consulté l'intelligence, le goût et les aptitudes de ces enfants.

Chaque apprenti est un mois à l'essai, dans l'atelier; après quoi, les parents signent avec le patron un contrat d'apprentissage.

L'Établissement, ne tirant aucun profit du travail fait dans les ateliers, les enfants y sont admis aux mêmes conditions que pour les classes.

L'apprentissage dure 3 ou 4 ans, selon les états, après quoi, pendant un an, les patrons paient à l'Établissement la pension des apprentis qui continuent à travailler dans leurs ateliers.

Tous les jours, les Frères donnent aux apprentis, pendant deux heures, des leçons de dessin, de modelage et autres appropriées à leurs besoins.

Ateliers en activité.

1° Marbriers, dont l'apprentissage est de.	trois ans.
2° Relieurs	id.
3° Tourneurs en optique	id.
4° Opticiens.	id.
5° Horlogers-Mécaniciens	id.
6° Monteurs en bronze	id.
7° Ciseleurs sur métaux	id.
8° Facteurs d'instruments de musique en cuivre . .	id.
9° Doreurs sur bois	id.
10° Menuisiers	id.
11° Selliers Malletiers	id.
12° Layetiers-Coffretiers	id.
13° Sculpteurs sur bois	quatre ans.
14° Graveurs sur bois	id.
15° Facteurs d'instruments de précision	id.
16° Graveurs Géographes	id.

A l'occasion de cette visite, je crois devoir vous dire, qu'ayant questionné chacun des chefs d'atelier, tous m'ont répondu que les enfants, après leurs trois ou quatre années d'apprentissage, étaient parfaitement capables, dans leur état, de faire n'importe quel travail d'ensemble, ce qui avait été mis en doute par quelques personnes, qui prétendaient que les apprentis, étant constamment occupés à exécuter les mêmes pièces, ne recevaient qu'une instruction incomplète.

Il est vrai que, là comme dans l'industrie, le travail divisionnaire est adopté, mais il ne peut en être autrement pour satisfaire aux exigences des commandes. La seule remarque que je crois devoir faire, c'est que, ces enfants étant, comme on le dit, à leurs pièces, il est à craindre que parfois l'ouvrage ne soit mené un peu trop rapidement et que le fini de l'exécution ne s'en ressente; ce qui est fâcheux alors que l'on doit sans cesse répéter aux apprentis qu'il faut avant tout chercher à atteindre la perfection et que le bon ouvrier, l'ouvrier consciencieux, n'est pas celui qui fait vite, mais celui qui fait bien.

Je n'insisterai pas, Messieurs, sur les avantages immenses que l'enfant aura retirés de son séjour dans les écoles d'apprentis; non-seulement il n'aura pas perdu son temps à faire des courses, à nettoyer le logement, à souffrir plus d'une misère, ou terni les plus belles années de sa vie en compagnie de camarades grossiers et pervertis; mais, de bonne heure, en s'appliquant à son travail il aura appris à aimer son état, et, à 16 ou 17 ans, en quittant l'école pour entrer à l'atelier, non-seulement il recevra de suite une paie avantageuse, mais il ne tardera pas à devancer ses aînés, parce que son instruction première aura été mieux dirigée. Or ceci n'est pas une pure invention de ma part, mais l'exposé très-véridique de ce qui est arrivé aux bons élèves sortis soit de Vaugirard, soit des deux écoles professionnelles de Paris.

Quelque réserve que j'aie pu mettre dans cet exposé, il est aisé de voir que je suis très-porté à adopter l'idée des écoles professionnelles, mais, pour que les meilleures innovations soient fructueuses et durables, il ne faut les accepter qu'après réflexion et mûr examen et ne pas s'engouer de suite de tout ce qui est séduisant. Permettez-moi donc de vous présenter, avant de conclure, le côté le plus délicat de la question. Je suppose donc que la Ville, les Caisses des écoles et la Chambre du commerce convaincues des avantages de ces écoles veuillent les multiplier, que les familles devenues plus raisonnables consentent, même, à laisser leurs enfants terminer leur apprentissage, croyez-vous avoir triomphé de tous les obstacles? Eh bien, non! le plus grand de tous va surgir, car il s'agit de trouver un nombre suffisant d'hommes assez dévoués, assez instruits et assez capables pour diriger ces ateliers, qui exigent non-seulement pour le bon ordre, mais aussi pour l'enseignement des élèves une comptabilité tellement bien tenue que l'on puisse se faire une idée juste, jour par jour, non-seulement de la dépense totale de la maison, mais de ce que coûte chaque apprenti et de la valeur représentée par son travail.

Or, d'après ce que j'ai pu voir, je crois que de toutes les difficultés, la plus grande ne sera pas dans la dépense ou le recrutement des élèves, mais dans le choix des directeurs et des contre-maîtres, capables de remplir dignement une mission aussi délicate.

Pour occuper de pareils emplois, non-seulement il faut des professeurs très-instruits, mais il faut surtout des hommes honorables, d'un dévouement sans bornes; résolus, en acceptant ces fonctions, à surmonter tous les obstacles sans jamais se décourager; il faut des hommes dont la conduite et les paroles commandent le respect et l'affection et qui montrent vis à vis de leurs élèves l'amour et la fermeté d'un père : malheureusement il est rare de trouver ces qualités réunies et ce sera probablement là l'entrave la plus grande au développement et à la prospérité des écoles professionnelles.

Après avoir cherché à vous démontrer de quelle importance est pour l'industrie le développement des écoles communales réunissant à l'enseignement primaire l'enseignement professionnel, il était de mon devoir de vous exposer les difficultés inhérentes à cette grande innovation et de vous dire surtout, que la plus grande de toutes était dans le choix des maîtres; mais de ce que la direction d'une école professionnelle exige un ensemble de qualités rares et un dévouement sans limites, faut-il se décourager et s'écrier : C'est impossible à trouver, c'est à y renoncer?

Non, Messieurs, espérons, disons mieux, soyons certains, qu'il se trouve encore en France des hommes assez dévoués, pour comprendre la hauteur de cette mission; il faut donc faire appel à tous ceux qui ont à cœur de voir la patrie se relever de ses ruines; mais pour atteindre ce but, ce n'est pas en perdant son temps en discussions irritantes et stériles, sachons mieux comprendre la liberté, et ayons le bon esprit de prendre le bien là où il se trouve, n'importe la source. C'est cette pensée qui faisait dire à une personne des plus respectables : « Il faut se » réjouir en voyant nos contemporains se préoccuper de ces » grandes et graves questions de l'instruction et de l'éducation » de l'enfant du peuple; et il faut estimer comme très-honora- » bles et très-dignes de nos respects, les hommes quels qu'ils » soient, quels que soient leur croyance religieuse ou leur » drapeau politique; il faut estimer très-dignes de nos respects, » ces hommes qui s'inquiètent ainsi de l'avenir de l'enfant du » peuple. » (1)

PRÉFECTURE DE LA SEINE. — VILLE DE PARIS.

ÉCOLE MUNICIPALE D'APPRENTIS

Ouverte en janvier 1873, boulevard de La Villette, 60.

BUT DE L'ÉCOLE. — CARACTÈRE GÉNÉRAL DES ÉTUDES.

L'École reçoit des apprentis pour le travail du fer et du bois.

Son but est de former des ouvriers instruits et habiles dans l'ensemble du travail de leur état.

La durée de l'apprentissage est de trois ans.

Les apprentis sont partagés en trois sections ou années, déterminées par le degré de l'apprentissage.

La journée de travail comprend six heures d'atelier pour les deux premières sections, huit heures pour la troisième; cinq heures de classe pour les deux premières, trois heures pour la troisième.

Les deux genres d'exercices sont séparés par une heure de repos, consacrée au repas et à la récréation.

(1) Discours prononcé le 11 mars 1875 par Monseigneur Duquesnay, Évêque de Limoges, en faveur de l'Œuvre de la caisse des écoles du IIe arrondissement.

CONDITIONS D'ADMISSION.

Les élèves sont externes.

L'enseignement est gratuit, et les élèves sont fournis gratuitement de tous les moyens d'étude et de travail.

Aucun élève n'est admis avant l'âge de 13 ans révolus, ni après 16 ans.

Les candidats ne sont reçus qu'après examen ou sur la présentation d'un certificat d'études primaires.

L'examen d'admission se compose d'une épreuve écrite et d'une épreuve orale.

L'examen écrit comprend : 1° dictée d'orthographe usuelle ; 2° des problèmes sur les quatre opérations de l'arithmétique et le système des poids et mesures.

L'examen oral comporte une lecture courante avec explication des mots, des questions de grammaire et d'arithmétique.

L'examen d'admission a lieu tous les ans, dans la dernière quinzaine de juillet.

Les inscriptions des candidats sont reçues au siége de l'école, du 1ᵉʳ mai au jour de l'examen, tous les jours non fériés, de dix heures du matin à quatre heures du soir.

RENSEIGNEMENTS DIVERS.

L'entrée a lieu à sept heures du matin, la sortie à sept heures du soir.

La porte de l'École est ouverte dix minutes avant et fermée cinq minutes après l'heure réglementaire de l'entrée.

Ces heures sont les mêmes pour toutes les saisons.

Les élèves doivent apporter leur repas de midi et leur goûter.

Tous les cours de l'École sont obligatoires pour tous les élèves.

L'élève qui manque aux cours du matin n'est point admis aux exercices de l'après-midi.

Toute absence, faite sans l'autorisation préalable du Directeur, devra être justifiée par un billet du père ou du tuteur, qui en donnera les motifs.

Les absences non justifiées seront punies ; si elles se renouvellent trop fréquemment, l'Administration, sur la proposition du Directeur, prononcera le renvoi de l'élève.

ÉCOLE MUNICIPALE D'APPRENTIS.

60, Boulevard de la Villette, Paris

EMPLOI DU TEMPS

JOURS.	SECTIONS ou ANNÉES.	De 7 h. à 8 h.	De 8 heures à 9 heures.	De 9 heures à 10 heures.	De 10 h. à 10 h. 10	De 10 heures 10 à 11 heures.	De 11 heures à midi.	De midi à 1 heure.	De 1 heure à 4 heures.	De 4 h. à 4 h. 1/2.	De 4 h. 1/2 à 7 h.
Lundi.	1re 2e 3e	Étude générale et préparation des devoirs (3 divisions).	Langue française. Géométrie. Croquis et Dessin.	Géométrie. Physique.	Repos et récréation de 10 minutes.	Histoire. Dessin. Atelier.	Chimie.	Repas du matin et récréation de 1/2 heure.	Atelier pour les trois divisions. Travail de jour.	Repas et goûter de 4 heures à 4 h. 1/2 en hiver, à cause de l'allumage des lampes.	Atelier pour les trois divisions. Travail de nuit en hiver.
Mardi.	1re 2e 3e		Arithmétique. Langue française. Mécanique.	Langue anglaise. Arithmét. Algèbre. Technologie.		Dessin. Étude. Atelier.	Chimie.				
Mercredi.	1re 2e 3e		Langue française. Géométrie. Croquis et Dessin.	Géométrie. Langue anglaise.		Étude. Épures de géométrie. Atelier.	Épures de géométrie. Étude.				
Jeudi.	1re 2e 3e		Géographie. Arithmét. Algèbre. Physique.	Étude. Histoire et Géograp. Géométrie descript.		Gymnastique. Étude. Atelier.	Géographie. Gymnastique.				
Vendredi.	1re 2e 3e		Langue française. Géométrie. Mécanique.	Géométrie. Étude. Droit.		Dessin. Mécanique. Atelier.	Tenue de livres.				
Samedi.	1re 2e 3e		Outillage. Langue française. Croquis et Dessin.	Arithmétique. Langue anglaise.		Étude. Dessin. Atelier.	Physique.				

PROGRAMME DE L'ENSEIGNEMENT.

Facultés.	1re Année.	2e Année.	3e Année.
LANGUE FRANÇAISE	Grammaire, orthographe, analyse grammaticale et logique.	Compléments de grammaire. Notions sur le style et la composition. Exercices d'invention.	Exercices de rédaction. Rapports sur des visites d'ateliers ou d'usines.
LANGUE ANGLAISE	Lecture et écriture. Éléments de grammaire, exercices au tableau.	Grammaire (syntaxe), versions et thèmes. Conversation.	"
MATHÉMATIQUES	Arithmétique, géométrie plane, mesure des surfaces.	Complément d'arithmétique, géométrie dans l'espace, volume.	Géométrie descriptive. Applications.
CHIMIE	Éléments de chimie générale.	Chimie industrielle, applications.	Compléments de physique et de chimie.
PHYSIQUE	Éléments de physique, propriétés générales des corps.	Physique industrielle, applications.	
MÉCANIQUE	Études des outils simples et des organes élémentaires des machines.	Éléments de mécanique, machines simples.	Machines à vapeur; machines-outils.
TECHNOLOGIE	....	Notion sur les matériaux, leur provenance, leurs usages.	Compléments; résistance des matériaux; du choix qu'il faut en faire.
HISTOIRE	Notions d'histoire générale.	Histoire de l'industrie.	"
GÉOGRAPHIE	Notions de géographie générale; géographie de l'Europe et de la France.	Géographie industrielle.	"
DESSIN	Dessin à main levée, éléments de dessin graphique.	Dessin géométrique et industriel.	Levé d'outils et de machines.
DROIT	....	....	Notions de droit usuel.

VILLE DE PARIS

ÉCOLE MUNICIPALE D'APPRENTIS

60, BOULEVARD DE LA VILLETTE

LIVRET DE NOTES DE QUINZAINES

Appartenant à l'Élève
Né à   *le*
Demeurant à

DEMEURE DU CORRESPONDANT

EXTRAIT DU RÈGLEMENT GÉNÉRAL
DE L'ÉCOLE MUNICIPALE D'APPRENTIS.

TITRE II. — EMPLOI DU TEMPS.

ART. 1er. — Les élèves sont admis à l'École tous les jours non fériés, de 7 heures du matin à 7 heures du soir.

La porte de l'établissement est ouverte tous les jours cinq minutes avant l'heure réglementaire, et fermée cinq minutes après cette même heure.

Tout élève qui ne s'est pas présenté en temps utile le matin, n'est pas admis aux exercices de l'après-midi.

Toute absence faite sans l'autorisation préalable du Directeur devra être justifiée par un billet du père ou tuteur, qui en donnera les motifs.

Les absences non justifiées seront punies. Si elles se renouvellent trop fréquemment, l'Administration, sur la proposition du Directeur, prononcera le renvoi de l'élève. Les absences justifiées, si elles se prolongent trop, ou si elles se renouvellent trop fréquemment, pourront entraîner la prolongation du temps de séjour à l'École.

ART. 2. — Le travail se continue toute l'année à l'École ; il n'y a pas de grandes vacances ; mais au jour de l'an, à Pâques et à l'époque du passage d'une année à l'autre, il y aura une suspension de huit jours dans les travaux de classe et d'atelier. Il y aura en outre congé le mardi gras, le lundi de la Pentecôte, les jours de l'Ascension, de l'Assomption, de la Toussaint, de la Commémoration des morts et de Noël.

Les élèves pourront être réunis, le dimanche, pour être conduits à l'office, pour la gymnastique, les exercices de la pompe, des conférences, des promenades, etc.

ART. 3. — La journée de présence à l'École est distribuée ainsi qu'il suit pour les deux premières années : cinq heures de travail intellectuel, de 7 heures du matin à midi ; six heures d'atelier, de 1 heure à 7 heures du soir, avec une demi-heure d'interruption, de 4 heures à 4 heures et demie, pour le goûter.

ART. 4. — Les élèves étant externes et retournant chaque soir dans leur famille, les parents ne seront point admis à les visiter dans la journée, à moins de motifs exceptionnels, laissés à l'appréciation du Directeur.

ART. 5. — Nulle personne étrangère à l'Administration ne pourra pénétrer dans les ateliers sans y avoir été autorisée par le Directeur ou le Chef des travaux.

Les personnes qui désireront visiter les ateliers, pourront être admises les mardis et vendredis, de 1 heure à 4 heures.

ART. 6. — Des notes seront inscrites, chaque quinzaine, sur les livrets, et résumeront le travail et la conduite des élèves. Tous les dimanches, de 7 heures à 9 heures, le Directeur recevra les parents et complétera les renseignements portés sur les livrets.

TITRE III. — DISPOSITIONS GÉNÉRALES.

ART. 1er. — La tenue des élèves, dans l'établissement, est facultative ; mais elle doit être propre et décente. La tenue d'atelier se compose d'une cotte et d'une veste ou bourgeron en toile bleue.

ART. 2. — Les élèves doivent respect et obéissance à toutes les personnes chargées d'une fonction dans l'École..

ART. 3. — Il est absolument interdit de fumer dans l'intérieur de l'établissement.

Art. 4. — Le nettoyage des ateliers, des salles de classe, l'entretien du jardin, seront faits par les élèves, à tour de rôle. Le Directeur désignera chaque semaine ceux qui devront être chargés des travaux de propreté. Le nettoyage des ateliers sera fait le matin à 7 heures et celui des classes à midi.

Art. 5. — Aucun élève ne peut sortir isolément de l'école sans une autorisation du Directeur, qui devra être remise au concierge.

Art. 6. — Les punitions sont : le retrait des bons points, l'inscription d'une mauvaise note sur le livret, la corvée hors tour, la réprimande du Directeur, la citation au tableau d'atelier, la mise à l'ordre du jour de l'école, le renvoi à temps et l'expulsion définitive, sur le rapport motivé du Directeur.

OBSERVATION IMPORTANTE.

Il est instamment recommandé aux parents de veiller à ce que leurs enfants se rendent exactement à l'École chaque jour, *à l'heure réglementaire*, et de s'assurer que les élèves rentrent à la maison paternelle le plus tôt possible, après sept heures du soir.

Ils devront aussi tenir à ce que leurs enfants ne manquent à l'École que pour les motifs les plus sérieux. Le temps perdu ne se retrouve jamais.

Date de l'entrée de l'Élève à l'École : 7 septembre 1875.

La durée du séjour à l'École, c'est-à-dire le temps *minimum* qu'un élève doit y passer, est de trois années.

SORTIE.

Le Directeur, soussigné, certifie que le jeune   *a quitté l'École aujourd'hui*   *après*   *de séjour.*

Paris, le

VALEUR DES NOTES.

0, Très-mal.	14, 15, Assez bien.
1, 2, 3, 4, 5, Mal.	16, 17, Bien.
6, 7, 8, 9, Médiocre.	18, 19, Très-bien.
10, 11, 12, 13, Passable.	20, Parfaitement.

COEFFICIENTS.

Du 1er septembre au 25 septembre 1875.

Conduite : 1.
Travail de la classe : 3.
Travail de l'atelier : 5.

Du 14 au 26 septembre 1875.

Conduite générale : 15.
Travail de la classe : 15.
Travail de l'atelier : 10.

Total des produits : 110.
Paye : (cote insuffisante.)

Signature :

Du 28 septembre au 10 octobre 1875.

Conduite générale : 16.
Travail de la classe : 15.
Travail de l'atelier : 10.

Total des produits : 111.
Paye : (cote insuffisante.)

Allons ! courage !

Signature :

Du 21 décembre 1875 au 9 janvier 1876.

Conduite générale : 16.
Travail de la classe : 17.
Travail de l'atelier : 15.

Total des produits : 112.
Paye : 0 fr. 40 c.

Signature :

Du 4 au 17 juillet 1876.

Conduite générale : 16.
Travail de la classe : 16.
Travail de l'atelier : 17.

Total des produits : 149.
Paye : 0 fr. 75 c.
Amende : 0 fr. 10 c.

Qu'est-ce que veut dire cette amende? Il faut éviter cela. Prière aux parents de veiller à ce que l'enfant travaille à ses devoirs et leçons au moins une heure dans la soirée.

Signature :

PRÉFECTURE DE LA SEINE.

—

VILLE DE PARIS.

ÉCOLE MUNICIPALE D'APPRENTIS.

Bulletin *de M. Y...*

Élève de 1re année, pour le 2e trimestre de 1876.

Conduite : Assez bonne. — *Tenue :* Bonne.

FACULTÉS	NOTES	PLACE sur 54 ÉLÈVES	OBSERVATIONS
Langue française . .	Passable .	25e . . .	Ne s'applique pas assez
Langue anglaise . .	»		
Arithmétique . . .	Passable .	20 — 24	
Algèbre.	»	»	
Géométrie	Médiocre .	31 — 33.	Souvent inattentif
Physique	Id.	40	
Chimie	Id.	42	
Géométrie descript .	»	»	
Mécanique.	»	»	
Technologie	»		
Histoire	Assez bien.	19	
Géographie	Assez bien.	22	
Dessin	Bien . . .	10. . . .	Bavard
Droit			

Voilà un bulletin peu satisfaisant; j'appelle l'attention des parents de cet élève sur la pauvreté de ses notes et sur les observations de MM. les professeurs. J'espère qu'une réprimande de son père portera des fruits et que les notes du prochain trimestre seront meilleures.

Paris, le 30 juin 1876.

Le *Directeur,*

PRÉFECTURE DE LA SEINE.

—

VILLE DE PARIS.

ÉCOLE MUNICIPALE D'APPRENTIS.

BULLETIN *de M. X...*

Élève de 2ᵉ année, pour le 2ᵉ trimestre de 1876.

Conduite : Très-bien. — Tenue : Très-bien.

FACULTÉS	NOTES	PLACES SUR 40 ÉLÈVES	OBSERVATIONS
Langue française	Très-bien.	1 — 2	
Langue anglaise	»	»	
Arithmétique	Très-bien.	1 — 3 — 2	
Algèbre	Très-bien.	1 — 2 — 2	
Géométrie	Très-bien.	1 — 1 — 1	
Physique	Très-bien.	4 — 3	
Chimie	Très-bien.	3 — 5	
Géométrie descript.	»	»	
Mécanique	Bien.	4	
Technologie	Bien.	10	
Histoire	Très-bien.	2 — 3	
Géographie	Très-bien.	4 — 2	
Dessin	Très-bien.	3	
Droit	»	»	

Le directeur se plaît à constater les bons résultats de l'application de l'élève X... et l'engage à persévérer dans cette voie. La récompense ne se fera pas attendre; elle est dans le travail lui-même.

Paris, le 30 juin 1876.

Le Directeur,

PRÉFECTURE DE LA SEINE.

—

VILLE DE PARIS.

ÉCOLE MUNICIPALE D'APPRENTIS.

BULLETIN de M. Z...

Élève de 2ᵉ année, pour le 2ᵉ trimestre de 1876.

Conduite : Médiocre. — Tenue : Passable.

FACULTÉS	NOTES	PLACES sur 40 élèves	OBSERVATIONS
Langue française. .	Mal . . .	35 — 37.	Mauvais élève.
Langue anglaise. .	»	»	
Arithmétique . . .	Mal . . .	39 — 40.	Paresseux et dissipé.
Algèbre.	Très-mal.	40 — 40	
Géométrie	Id.	38 — 39	
Physique	Très-faib .	37	Ne fait rien.
Chimie	Id.	35	
Géométrie descript .	»	»	
Mécanique.	Très-méd.	36	
Technologie	»	»	
Histoire.	Mal . . .	31	
Géographie.	Id.	30	
Dessin.	Faible . .	34	Très-paresseux ; ne
Droit			produit rien.

J'ai le regret de constater que ni la conduite ni le travail de cet élève ne répondent à ce qu'on attend de lui. Sa tenue en classe est déplorable. Il nous serait impossible de le conserver si ces observations demeuraient sans résultat. J'appelle aussi l'attention du père sur les écarts de langage assez fréquents dans la conversation de cet enfant.

Paris, le 30 juin 1876.

Le Directeur,

TABLEAU DES ÉCOLES PROFESSIONNELLES DE FILLES, LAÏQUES ET CONGRÉGANISTES DE PARIS

ÉCOLES CONGRÉGANISTES	NOMBRE des élèves	LINGERIE et couture	GILETIÈRES	FLEURS	COMPTABILITÉ et Cours de commerce	MODES et nouveautés	AMEUBLEMENTS	BLANCHISSEUSES	ROBES et CONFECTIONS	ÉCOLE préparatoire	CHAUSSURES	IMAGES
Rue Saint-Dominique, 187	44 (30 externes / 14 internes)	12		10					22			
Rue de Clichy, 50.	85 (externes et internes)	30		7	30				18			
Rue Albouy.	42 (externes)	20		5			6			10		
Rue de Reuilly, 77.	111 (externes et internes)	75		19							6	17
Rue Vandrezanne, 34.	120 (90 externes / 30 internes)	45		22		30		6	4		12	
Rue du Chevaleret, 112.	40 (internes)	10	23	4				11				
Rue Jenner, 30.	50 (4 externes / 46 internes)	17		10				8	15			
Rue de la Glacière.	20 (externes)	11		9								
Place Jeanne-d'Arc, 30.	45 (33 externes / 12 internes)	32		.			13					
Rue d'Alésia.	55 (externes souvent fournies)	25	20	20								
Rue de Villiers.	43 (externes)	6		8					20			
Rue Affre.	80 (externes)	30				30						
Rue d'Allemagne.	18 (externes)	18										
Rue de Meaux, 35.	Nouvelle											
Rue de la Villette, 25.	50 (externes)	30		20								
Rue de la Mare, 24.	46	33					13					
Rue de Boulainvilliers, 45.	60 (internes)	12		27				5	3	11		
		428	43	155	30	60	32	30	93	21	18	17

TABLEAU DES ÉCOLES PROFESSIONNELLES DE FILLES, LAIQUES ET CONGRÉGANISTES DE PARIS.

ÉCOLES LAÏQUES	NOMBRE des ÉLÈVES	LINGERIE et COUTURE	FLEURS	DESSIN ET PEINTURE sur porcelaine	COMMERCE	COURS PRÉPARATOIRES	ROBES et CONFECTIONS	MODES	BLANCHISSEUSES	GRAVURE SUR BOIS
Rue Saint-Antoine.	125	5	20	18	36	45				
Faubg. Poissonnière, 101.	90		11	11	22	40	6			
Rue du Cherche-Midi, 116.	100		17	10	8		52	13		
Rue de Seine.	60	7		6	13	25	9			
Rue Rouelle.	90	6	3	14	16	45			6	
Rue de Richelieu.	64			9	20	21	5	6		3
Rue Saint-Maur.	26	8	5		13					
Rue de la Chardonnière.	21	16	5							
Rue Truffaut.	48	1		15	9	16		7		
Rue Vieille-du-Temple.	17	10			7					
	641	53	61	83	144	192	72	26	6	3

IMPRIMERIE CENTRALE DES CHEMINS DE FER. — A. CHAIX ET Cie,
RUE BERGÈRE, 20, A PARIS. — 11075-6.